INÈS DE CASTRO,

TRAGEDIE.

Par M. HOUDART DE LA MOTTE,
de l'Académie Françoise.

Le prix est de vingt-cinq sols.

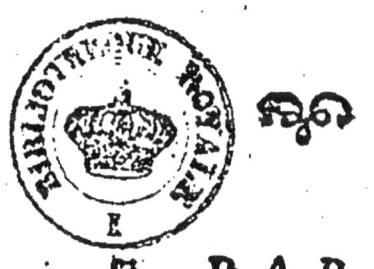

A PARIS,

Chez { GREGOIRE DUPUIS, ruë S. Jacques, à la Fontaine & à la Couronne d'or.
ET
FRANÇOIS FLAHAULT, Quay des Augustins, au coin de la ruë Pavée, au Roi de Portugal.

M. DCC. XXIII.
Avec Approbation, & Privilege du Roy.

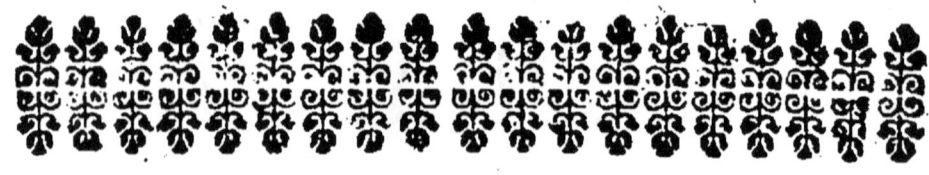

AVIS.

J'Avois dédié mon Ouvrage à Monsieur le Cardinal du Bois; je lui avois même lû mon Epître; & comme ce n'étoit ni à la dignité, ni à la puissance, mais à l'amitié seule que s'adressoit mon hommage, mes sentimens n'ont pas changé par sa perte; & ma plus douce consolation en le perdant, auroit été de rendre public ce tribut sincere que je rendois à ses grandes qualitez: & , j'ose le dire, à sa tendresse pour moi : mais on m'a fait peur du contre-temps; j'ai craint que mon Epître ne parût une affectation de singularités & j'ai fait ceder, quoiqu'à regret, les conseils de mon zele au respect de l'usage & des convenances.

PREFACE.

L'Honneur singulier qu'on a fait à ma Tragedie, de l'écrire dans les Representations, m'a fait craindre des éditions precipitées qui m'auroient chargé devant le Public de bien des fautes, que l'infidelité des Copistes auroit ajoûtées aux miennes. Un mot pour un autre, jette souvent de l'obscurité ou de la bassesse sur toute une phrase; l'accident peut même aller jusqu'au contre-sens; & ces méprises multipliées auroient répandu un air de négligence & de faute, jusques sur les endroits les plus heureux. J'ai voulu prevenir ce malheur, plus considerable qu'on ne pense aux yeux d'un Auteur; car, il faut l'avoüer, notre délicatesse poëtique regarde presque une édition fautive de nos Vers, comme un Libelle diffamatoire.

Voila donc ma Tragedie telle que je l'ai faite; & j'ajoûte, telle que je suis capable de la faire. Mon respect pour le Public ne m'a pas permis

PREFACE.

de rien négliger de ce que j'ai crû le plus propre à l'attacher & à lui plaire. Je serois bien tenté de faire valoir ici les moyens que j'ai pris pour y réüssir : mais je remets la petite vanité qui m'en presse à une autre fois. J'exposerai dans un discours à part mes sentimens particuliers sur la Tragedie que je ne donnerai à mon ordinaire que comme des conjectures : mais je ne puis m'empêcher d'avancer déja en general qu'il faut un peu de courage aux Auteurs dans quelque genre qu'ils travaillent. Point de nouveauté sans hardiesse. Où en seroit l'art si l'on s'en étoit toûjours tenu à cette imitation timide qui n'ose rien tenter sans éxemple ? On ne nous auroit pas laissé à nous-mêmes de quoi imiter. Les Enfans que j'ai hazardez sur la Scene, & les circonstances où je les fais paroître ont parû une nouveauté sur notre Theatre. Quelques Spectateurs ont douté d'abord s'ils devoient rire ou s'attendrir ; mais le doute n'a pas duré ; & la nature a bien-tôt repris ses droits sur tous les cœurs. On a pleuré enfin ; & s'il m'est permis de ne rien perdre de ce qui me fait honneur, quelques-uns ne m'ont critiqué qu'en pleurant.

Si je rentre dans la carriere, j'avertis le Public que j'aurai encore le courage de m'exposer à ses premieres répugnances toutes les fois que j'espererai lui procurer de nouveaux plaifirs; & j'invite mes Confreres les Dramatiques à être encore plus hardis que moi, & toûjours à proportion de leur habileté.

Si je n'ai rien changé à ma Piece, ce n'est pas que des gens d'esprit ne m'aïent fait quelques objections qui m'ont même ébranlé; mais, je les prie de m'en croire, d'autres gens d'esprit ont aplaudi particulierement à ces endroits attaquez & par des raisons qui me gagnoient aussi : docilité pour docilité, on ne s'étonnera pas que j'aie déferé aux Approbateurs.

Il a parû une Critique imprimée, à laquelle je me dispense de répondre; je persiste dans la résolution d'en user toûjours de même avec des Censeurs passionnez & de mauvaise foi ; quand il y auroit même de l'esprit dans leur Ouvrage, je crois devoir ce dédain aux mauvais procedez ; & en effet pour ramener les hommes à l'amour de la raison & de la vertu, il faudroit méprifer jusqu'aux talens qui osent en violer les regles.

On m'a fait le même honneur que Scaron a fait à Virgile ; on m'a travesti. J'ai ri moi-même de la mascarade qui m'a paru réjouissante ; je me garde bien de trouver à redire que les traits de critique n'en soient pas solides; il suffisoit pour la nature de l'Ouvrage qu'ils fussent plaisans, ou boufons même, pour dire encore moins ; au lieu qu'un Critique sérieux est obligé d'avoir raison.

J'ai laissé dans la Piece un vers de Corneille, que la force de mon Sujet m'avoit fait faire aussi ; & quand on m'a fait appercevoir qu'il étoit du Cid, je n'ai pas crû me devoir donner la peine de l'affoiblir pour le déguiser.

INÉS
DE CASTRO.

ACTEURS
de la Tragédie.

ALPHONSE, Roi de Portugal, surnommé le Justicier.
LA REINE.
CONSTANCE, fille de la Reine, promise à Dom Pedre.
DOM PEDRE, fils d'Alphonse.
INES, fille d'honneur de la Reine, mariée secretement à Dom Pedre.
DOM RODRIGUE, Prince du Sang de Portugal.
DOM HENRIQUE, Grand de Portugal.
DEUX GRANDS de Portugal.
L'AMBASSADEUR du Roi de Castille.
DOM FERNAND, Domestique de Dom Pedre.
LA GOUVERNANTE.
DEUX ENFANS.
UN GARDE.

La Scene est à Lisbonne, dans le Palais d'Alphonse.

INÉS DE CASTRO,
TRAGEDIE.

ACTE PREMIER.

SCENE PREMIERE.
ALPHONSE, LA REINE, INE'S, RODRIGUE, HENRIQUE, *& plusieurs Courtisans.*

ALPHONSE.

Mon fils ne me suit point ! Il a craint, je le vois,
D'être ici le témoin du bruit de ses exploits.
Vous, Rodrigue, le sang vous attache à sa gloire.
Vôtre valeur Henrique eût part à sa victoire.
Ressentez avec moi sa nouvelle grandeur.
Reine, de Ferdinand, voici l'Ambassadeur.

A

SCENE II.

ALPHONSE, LA REINE, INE'S, RODRIGUE, HENRIQUE, & plusieurs Courtisans, L'AMBASSADEUR DE CASTILLE & sa suite.

L'AMBASSADEUR.

La gloire dont l'Infant couvre vôtre famille,
Autant qu'au Portugal est chere à la Castille,
Seigneur; & Ferdinand par ses Ambassadeurs
S'applaudit avec vous de vos nouveaux honneurs.
Goûtez, Seigneur, goûtez cette gloire suprême,
Qui dans un successeur vous reproduit vous même.
Qu'il est doux aux grands Rois, après de longs travaux,
De se voir égaler par de si chers rivaux ;
De pouvoir, le front ceint de couronnes brillantes,
En confier l'honneur à des mains si vaillantes ;
De voir croître leur nom toûjours plus redouté ;
Surs de vaincre long-temps par leur posterité.
Dom Pedre sur vos pas, au sortir de l'enfance,
Vous vit des Africains terrasser l'insolence ;
Cent fois brisant leurs Forts, perçant leurs bataillons,
De ce sang téméraire innonder vos Sillons :
Vous traciez la carriere où son courage vôle ;
Et vos nombreux exploits ont été son école.
Dès que vous remettez vôtre foudre en ses mains,
Il frappe ; & de nouveau tombent les Africains :

Il moiſſonne en courant ces Troupes fugitives,
Et rapporte à vos pieds leurs dépoüilles captives.
Avec vos interêts les nôtres ſont liez :
La victoire eſt commune entre des Alliez ;
Et toute la Caſtille, au bruit de vos conquêtes,
Triomphante elle-même, a partagé vos Fêtes.

ALPHONSE.

Vôtre Roi m'eſt uni du plus étroit lien :
Sa mere de ſon trône a paſſé ſur le mien ;
Et le même traité qui me donna ſa mere,
Veut encor qu'en mon fils l'himen lui donne un frere.
Cet himen que hâtoient mes vœux les plus conſtans,
Par l'horreur des combats, retardé trop long-tems,
R'aſſemblant aujourd'hui l'allegreſſe & la gloire,
Va s'achever enfin au ſein de la victoire :
Heureux, que Ferdinand applaudiſſe au vainqueur
Que lui même a choiſi pour l'époux de ſa sœur !
Nous n'allons plus former qu'une ſeule famille.
Allez ; de mes deſſeins inſtruiſez la Caſtille ;
Faites ſçavoir au Roi cet himen triomphant
Dont je vais couronner les exploits de l'Infant.

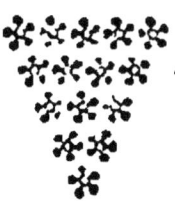

SCENE III.

ALPHONSE, LA REINE, INE'S.

ALPHONSE.

Oui, Madame, Conſtance avec vous amenée,
Va voir par cet himen fixer ſa deſtinée.
Peut-être que le jour qui m'unit avec vous,
Auroit dû de mon fils faire auſſi ſon époux :
Mais je ne pus alors lui refuſer la grace
Que de l'amour d'un pere implora ſon audace :
Il n'éloignoit l'honneur de recevoir ſa foi,
Que pour s'en montrer mieux digne d'elle & de moi.
Moi-même armant ſon bras, j'animai ſon courage.
La fortune eſt ſouvent compagne de ſon âge ;
Je prévis qu'il feroit ce qu'autrefois je fis,
Et me privai de vaincre en faveur de mon fils.
Il a, graces au ciel, paſſé mon eſperance ;
Des Africains domptez, implorant ma clémence,
La moitié ſuit ſon char, & gémit dans nos fers ;
Le reſte tremble encor au fond de ſes deſerts.
Quels honneurs redoublez ont ſignalé ma joie !
Et tandis que pour lui mon tranſport ſe déploïe,
Mes ſujets enchantez enchériſſant ſur moi,
Semblent par mille cris le proclamer leur Roi.
Madame, il eſt enfin digne que la Princeſſe
Lui donne avec ſa main l'eſtime & la tendreſſe.
Ce nœud va rendre heureux au gré de mes ſouhaits ;
Ce que j'ai de plus cher, mon Fils & mes Sujets.

DE CASTRO.
LA REINE.

Ne prévoïez-vous point un peu de résistance,
Seigneur ; de vôtre fils la longue indifférence
Me trouble malgré moi d'un soupçon inquiet ;
Et je crains dans son cœur quelque obstacle secret.
Auprès de la Princesse il est presque farouche.
Jamais un mot d'amour n'est sorti de sa bouche ;
Et de tout autre soin à ses yeux agité,
Il semble n'avoir pas apperçû sa beauté.
S'il résistoit, Seigneur ...

ALPHONSE.

     C'est prendre trop d'ombrage.
Excusez la fierté de ce jeune courage.
C'est un héros naissant de sa gloire frapé ;
Et d'un premier triomphe encor tout occupé.
Bientôt, n'en doutez pas, une juste tendresse
De ce superbe cœur dissipera l'yvresse.
D'un heureux himenée il sentira le prix.

LA REINE.

J'ai lieu, vous dis-je encor, de craindre ses mépris.
Eh ! qui n'eût pas pensé qu'aujourd'hui sa présence,
Dût des Ambassadeurs honorer l'audience !
Mais il n'a pas voulu vous y voir rapeler
Des traitez que son cœur refuse de sceller.
S'il résistoit, Seigneur ...

ALPHONSE.

     S'il résistoit, Madame ?
De quelle incertitude allarmez-vous mon ame ?
Mon fils me résister ! juste ciel ! j'en frémis ;
Mais bientôt le rébelle effaceroit le fils.

S'il pouſſoit juſques-là l'orgueil de ſa victoire,
D'autant plus criminel qu'il s'eſt couvert de gloire,
Je lui ferois ſentir que les plus grands exploits,
Que le ſang ne l'a point affranchi de mes Loix ;
Que lorſqu'à mes côtés mon Peuple le contemple,
C'eſt un premier ſujet qui doit donner l'éxemple ;
Et qu'un ſujet ſur qui ſe tournent tous les yeux,
S'il n'eſt le plus ſoûmis, eſt le plus odieux.
L'auguſte autorité ſur nôtre front empreinte
Ne peut impunément ſouffrir la moindre atteinte ;
Et c'eſt quand il s'agit d'accomplir un traité
Qu'il en faut ſoûtenir toute la majeſté.
Oüi, chez les Souverains dignes du diadême,
Leur parole ſacrée eſt le ſeul droit ſuprême ;
Et s'il falloit choiſir, je ferois voir qu'un Roi
N'a point à balancer entre un fils & ſa foi.
Mais, Madame, écartons de funeſtes images.
D'un coupable refus rejettez ces préſages.
Je vais à la Princeſſe annoncer mon deſſein ;
Et j'en avertirai mon fils, en Souverain.

SCENE IV.

LA REINE, INÉS.

LA REINE.

Tandis qu'à mon époux j'adresse ici mes plaintes,
Inés, vous entendez ses desseins & mes craintes;
Et, si vous le vouliez, vous pourriez m'informer
Du mistere fatal dont je dois m'allarmer.
Vous avez de l'Infant toute la confidence.
Je ne joüirois pas sans vous de sa présence.
S'il honore ma Cour, ses yeux toûjours distraits,
Paroissent n'y chercher, n'y rencontrer qu'Inés.
De grace éclaircissez de trop justes allarmes.
Ma fille à ses yeux seuls n'a-t-elle point de charmes ?
A ce cœur prévenu, quel funeste bandeau
Cache ce que le ciel a formé de plus beau ?
Car quel objet jamais aussi digne de plaire
A mieux justifié tout l'orgueil d'une mere !
Les cœurs à son aspect partagent mes transports;
La nature a pour elle épuisé ses trésors;
De cent dons précieux l'assemblage celeste,
De ses propres attraits l'oubli le plus modeste,
La vertu la plus pure empreinte sur son front,
Me devroient-ils encor laisser craindre un affront !

INE'S.

Madame, croïez-vous le Prince si sauvage
Qu'il puisse à la beauté refuser son hommage ?
Jusques dans les secrets je ne penetre pas ;
Mais avec moi souvent admirant tant d'apas,
Et de tant de vertus reconnoissant l'empire,
Ce que vous en pensez, il aimoit à le dire.

LA REINE.

Eh ! pourquoi, s'il l'aimoit, ne le dire qu'à vous ?
Craignez en me trompant, d'attirer mon couroux.
Je le vois : ce n'est point la Princesse qu'il aime.
Il vous parle de vous.

INE'S.

Ciel de moi !

LA REINE.

De vous même.
Je vous crois son amante ; ou, pour m'en détromper,
Montrez-moi donc le cœur que ma main doit fraper.
Car je veux bien ici vous découvrir mon ame,
Celle qui de Dom Pedre entretiendroit la flâme,
Qui me perçant le sein des plus sensibles coups,
A ma fille oseroit disputer son époux,
Victime dévoüée à toute ma colere,
Verroit où peut aller le transport d'une mere.
Ma fille est tout pour moi, plaisir, honneur, repos ;
Je ne connois qu'en elle & les biens & les maux ;

DE CASTRO.

Il n'eſt pour la vanger nul frein qui me retienne ;
Son affront eſt le mien ; ſa rivale eſt la mienne ;
Et ſa conſtance même à porter ſon malheur
D'une nouvelle rage armeroit ma douleur.
Songez-y donc : ſçachez ce que le Prince penſe.
Il faut me découvrir l'objet de ma vengeance.
Je brûle de ſçavoir à qui j'en dois les coups.
Livrez-moi ce qu'il aime ; ou je m'en prens à vous.

SCENE V.

INE'S.

O Ciel, qu'ai-je entendu ! quelle affreuſe tempête,
Si j'en crois ſes tranſports, va fondre ſur ma tête !
Heureuſe dans l'horreur des maux que je prévoi,
Si je n'avois encore à trembler que pour moi !

SCENE VI.

INE'S, DOM PEDRE, DOM FERNAND.

INE'S.

AH ! cher Prince, apprenez tout ce que je redoute ;
Mais, faites obſerver qu'aucun ne nous écoute.

DOM PEDRE.

Veillez-y, Dom Fernand. Madame, quels malheurs
M'annonce ce visage innondé de vos pleurs ?
Parlez : ne tenez plus mon ame suspenduë.

INES.

Cher Prince, c'en est fait ; vôtre épouse est perduë.

DOM PEDRE.

Vous perduë ! & pourquoi ces mortelles terreurs ?

INES.

Voilà ces tems cruels, ces momens pleins d'hor-
reurs
Qu'en vous donnant ma main, prévoïoit ma ten-
dresse.
Le Roi vient d'arrêter l'himen de la Princesse :
Il va vous demander pour elle cette foi,
Qui n'est plus au pouvoir ni de vous ni de moi.
Pour comble de malheur la Reine me soupçonne :
Si vous voïiez la rage où son cœur s'abandonne
Et tout l'emportement de ce couroux affreux
Qu'elle voue à l'objet honoré de vos feux...
Eh ! jusqu'où n'ira point cette fureur jalouse,
Si cherchant une amante, elle trouve une épouse ;
Et qu'elle perde enfin l'espoir de m'en punir
Que par la seule mort qui peut nous désunir !

DOM PEDRE.

Calmez-vous chere Inés ; vôtre fraïeur m'offense;
Eh ! de qui pouvez-vous redouter la vengeance,

Quand le soin de vos jours est commis à ma foi ?

INÈS.

Ah ! Prince, pensez-vous que je craigne pour moi ?
Jugez mieux des terreurs dont je me sens saisie :
Je crains cet interêt dont vous touche ma vie.
Je sçai ce que ma mort vous coûteroit de pleurs ;
Et ne crains mes dangers que comme vos malheurs.
Vous le sçavez : l'espoir d'être un jour couronnée,
Ne m'a point fait chercher vôtre auguste himenée ;
Et que quand j'ai violé la loi de cet état
Qui traite un tel himen de rebelle attentat,
Vous sçavez que pour vous me chargeant de ce crime,
De vos seuls interêts je me fis la victime.
Cent fois dans vos transports, & le fer à la main,
Je vous ai vû tout prêt à vous percer le sein,
Consumé tous les jours d'une affreuse tristesse,
Accuser en mourant ma timide tendresse :
C'est à ce seul péril que mon cœur a cedé.
Il falloit vous sauver ; & j'ai tout hasardé.
Je ne m'en repens pas. Le Ciel que j'en atteste
Voit que si mon audace à moi seule est funeste,
Même sur l'échafaut, je cherirois l'honneur
D'avoir jusqu'à ma mort fait tout vôtre bonheur.

DOM PEDRE.

Ne doutez point Inés qu'une si belle flâme
De feux aussi parfaits, n'ait embrasé mon ame.
Mon amour s'est accrû du bonheur de l'époux.
Vous fîtes tout pour moi ; je ferai tout pour vous.
Ardent à prévenir, à venger vos allarmes,

Que de sang païeroit la moindre de vos larmes !
Tout autre nom s'efface auprès des noms sacrez
Qui nous ont pour jamais l'un à l'autre livrez.
Je puis contre la Reine écouter ma colere ;
Et même le respect que je dois à mon pere,
Si je tremblois pour vous…

INE'S.

       Ah ! cher Prince arrêtez,
Je frémis de l'excès où vous vous emportez.
Pour prix de mon amour, rappellez-vous sans cesse
La grace que de vous éxigea ma tendresse.
Le jour heureux qu'Inés vous reçût pour époux,
Vous la vîtes, Seigneur, tombant à vos genoux,
Vous conjurer ensemble & de m'être fidelle,
Et de n'allumer point de guerre criminelle ;
Et dans quelque péril que me jetta ma foi,
De n'oublier jamais que vous avez un Roi.

DOM PEDRE.

 Je ne vous promis rien ; & je sens plus encore
Qu'il n'est point de devoir contre ce que j'adore.
Si je crains pour vos jours, je vais tout hasarder ;
Et vous m'êtes d'un prix à qui tout doit ceder.
Mais, s'il le faut, fûiez : que le plus sûr asile,
Sur vos jours menacez me laisse un cœur tranquile.
Emmenez sur vos pas loin de ces tristes lieux
De nôtre saint himen les gages précieux.
Aux ordres que j'attens je sçai que ma réponse
Va soudain m'attirer la colere d'Alphonse.
Les Africains défaits, il ne me reste plus
Ni raison ni prétexte à couvrir mes refus ;

Il faut lui déclarer que quelque effort qu'il tente,
Je ne sçaurois souscrire à l'himen de l'Infante.
Je connois de son cœur l'infléxible fierté :
Il voudra sans égard m'immoler au traité ;
Et si de mes refus éclairciffant la cause,
La Reine penetroit quel nœud sacré s'opose...
J'en friffonne d'horreur, cher Inés ; mais le Roi
Vous livreroit sans doute aux rigueurs de la loi ;
Et moi defefperé.. Füiez, füiez, Madame ;
De cette affreufe idée affranchiffez mon ame.
Füiez...

INE'S.

Non. En füiant, Prince, je me perdrois ;
Ce qu'il nous faut cacher, je le décellerois.
Il vaut mieux demeurer. Armons-nous de conftance ;
Diffipons les foupçons de nôtre intelligence ;
Ne nous revoïons plus ; & contraignant nos feux,
Réfervons ces tranfports pour des jours plus heu-
    reux.

DOM PEDRE.

J'y confens, chere Inés. Alphonfe va m'entendre,
Cachez bien l'interêt que vous y pouvez prendre.

INE'S.

Que me promettre, hélas, de ma foible raifon,
Moi qui ne puis fans trouble entendre vôtre nom !

DOM PEDRE.

A dieu ; repofez-vous fur la foi qui m'engage ;
Dans cet embraffement reçevez-en le gage.

16 INE'S
Séparons-nous.

INE'S.

J'ai peine à sortir de ce lieu;
Nous nous difons peut-être un éternel à dieu.

Fin du premier Acte.

ACTE II.

SCENE PREMIERE.
CONSTANCE, ALPHONSE.

CONSTANCE.

Quoi! me flatai-je en vain, Seigneur, que ma priere
Touche un Roi que je dois regarder comme un pere ?
Et ne puis-je obtenir que par égard pour moi,
Vous n'alliez pas d'un fils solliciter la foi ?
Ne vaudroit-il pas mieux que de nôtre himenée,
Lui-même impatient vint hâter la journée :
Qu'il en pressa les nœuds, & que cet heureux jour
Fût marqué par sa foi moins que par son amour.
A le précipiter qui peut donc vous contraindre ?
D'un injuste délai m'entendez-vous me plaindre ?
Je sçai par quels sermens ces nœuds sont arrêtez :
Mais le tems n'en est pas prescrit par les traitez ;
Et mon frere chargea vôtre seule prudence
D'unir, pour leur bonheur, vôtre Fils & Constance.

ALPHONSE.

Je ne suis pas surpris, Madame, en ce moment,
De vous voir témoigner si peu d'empressement.

Cette noble fierté sied mieux que le murmure :
Mais de plus longs delais nous feroient trop d'injure ;
Et moins vous vous plaignez, plus vous me faites voir
Que je dois n'écouter ici que le devoir.
Par mes ordres mon fils dans ces lieux va se rendre.
Le dessein en est pris ; & je lui vais apprendre...

CONSTANCE.

Ah ! de grace, Seigneur, ne précipitez rien.
Entre vos intérêts, daignez compter le mien.
Si depuis qu'en ces lieux j'accompagnai ma mere,
Vous m'avez toûjours vûë attentive à vous plaire ;
Si toute ma tendresse & mes respects profonds,
Et de fille & de pere ont devancé les noms ;
Daignez attendre encor...

ALPHONSE.

     De tant de résistance
Je ne sçais à mon tour ce qu'il faut que je pense.
L'Infant est-il pour vous un objet odieux ?
Et ce Prince à tel point a-t-il blessé vos yeux,
Que vous trouviez sa main indigne de la vôtre ?
Pourquoi craindre l'instant qui vous joint l'un à l'autre ?
J'ai peine à concevoir, Madame, que mon fils
Soit aux yeux de Constance un objet de mépris.

CONSTANCE.

Un objet de mépris ! hélas, s'il pouvoit l'être !
Si moins digne, Seigneur, du sang qui l'a fait naître,
Son himen à mes vœux n'offroit pas un héros,
J'attendrois sa réponse avec plus de repos.

Mais, je ne feindrai pas de le dire à vous même,
Je ne la crains, Seigneur, que parce que je l'aime.
Souffrez qu'en vôtre sein j'épanche mon secret :
Quel autre confident plus tendre & plus discret,
Pourroit jamais choisir une si belle flâme ?
L'aspect de vôtre Fils troubla d'abord mon ame.
Des mouvemens soudains inconnus à mon cœur,
Du devoir de l'aimer firent tout mon bonheur ;
Et vous jugez combien dans mon ame charmée
S'est accru cet amour, avec sa renommée.
Quand on vous racontoit sur l'Africain jaloux
Tant d'exploits étonnans, s'il n'étoit né de vous,
Par quels vœux près de lui j'apelois la victoire !
Par combien de soûpirs célébrois-je sa gloire !
Enfin je l'ai revû triomphant ; & mon cœur
S'est lié pour jamais au char de ce vainqueur.
Cependant, malheureuse, autant il m'interesse,
Autant je me sens loin d'obtenir sa tendresse :
Objet infortuné de ses tristes tiedeurs,
Je dévore en secret mes soûpirs & mes pleurs :
Mais il me reste au moins une foible esperance
De trouver quelque terme à son indifférence :
Tout renfermé qu'il est, l'excès de mon amour
Me promet le bonheur de l'attendrir un jour.
Attendez-le, Seigneur, ce jour, où plus heureuse,
Je fléchirai pour moi, son ame genereuse ;
Et ne m'exposez pas à l'horreur de soufrir
La honte d'un refus dont il faudroit mourir.

ALPHONSE.

Ma fille, car l'aveu que vous daignez me faire,
Vient d'émouvoir pour vous des entrailles de pere.
Ces noms interressans flattent déja mon cœur ;
Et je me hâte ici d'en goûter la douceur.

Ne vous allarmez point d'un malheur impossible.
Mon fils à tant d'attraits ne peut être insensible ;
Et, quoique vous pensiez, vous verrez dès ce jour
Et son obéissance, & même son amour.
Je vais...

UN GARDE.

Le Prince vient, Seigneur.

CONSTANCE.

Je me retire ;
Mais, si mes pleurs sur vous ont encor quelque empire...

ALPHONSE.

Cessez de m'affliger par cet injuste effroi ;
Et de vôtre bonheur reposez-vous sur moi.

SCENE II.

ALPHONSE, DOM PEDRE.

ALPHONSE.

LEs Peuples ont assez celebré vos conquêtes,
Prince ; il est tems enfin que de plus douces Fêtes,
Signalent cet himen entre deux Rois juré,
Digne prix des exploits qui l'ont trop differé :
Cet himen que l'amour, s'il faut que je m'explique,
Devroit presser encor plus que la politique ;

Qui préfente à vos vœux des vertus, des apas,
Que l'Univers entier ne raffembleroit pas.
Je m'étonne toûjours que fur cette alliance,
Vous m'aïez laiffé voir fi peu d'impatience ;
Que loin de me preffer de couronner vos feux,
Il vous faille avertir, ordonner d'être heureux.

DOM PEDRE.

J'efperois plus, Seigneur, de l'amitié d'un Pere.
N'étoit-ce pas affez m'expliquer que me taire ?
J'ai crû fur cet himen que mon Roi voudroit bien
Entendre mon filence, & ne m'ordonner rien.

ALPHONSE.

Ne vous ordonner rien !.. à ce mot téméraire,
Je fens que je commande à peine à ma colere ;
Et fi je m'en croïois… mais, Prince, ma bonté
Se diffimule encor vôtre témérité.
Ne croïez pas qu'ici je vous faffe une offenfe
De dérober vôtre ame au pouvoir de Conftance,
D'opofer à fes yeux la farouche fierté
D'un cœur inacceffible aux traits de la beauté :
Mais vous figurez-vous que ces grands himenées
Qui des Enfans des Rois reglent les deftinées,
Attendent le concert des vulgaires ardeurs,
Et pour être achevez, veüillent l'aveu des cœurs ?
Non, Prince, loin du trône un penfer fi bifarre ;
C'eft par d'autres refforts que le ciel les prépare.
Nous fommes affranchis de la commune loi ;
L'interêt des états donne feul nôtre foi.
Laiffons à nos Sujets cet égard populaire,
De n'áprouver d'himen que celui qui fçait plaire,
D'y chercher le raport des cœurs & des efprits :
Mais ce bonheur pour nous n'eft pas d'affez haut prix ;

INÉS

Il nous est glorieux qu'un himen politique
Assûre à nos dépens la fortuue publique.

DOM PEDRE.

C'est pousser un peu loin ces maximes d'Etat;
Et je ne croirai point commettre un attentat,
De vous dire, Seigneur, que malgré ces maximes,
La nature a ses droits plus saints, plus legitimes.
Le plus vil des mortels dispose de sa foi :
Ce droit n'est-il éteint que pour le fils d'un Roi ;
Et l'honneur d'être né si près du rang suprême,
Me doit-il en esclave arracher à moi-même ?
Déja de mes discours frémit vôtre couroux :
Mais regardez, Seigneur, un Fils à vos genoux :
Prêtez à mes raisons une oreille de pere.
Lorsque de Ferdinand vous obtintes la mere,
Sans daigner consulter ni mes yeux ni mon cœur,
Vôtre foi m'engagea, me promit à sa sœur.
Je sçai que les vertus, les traits de la Princesse
Ne vous ont pas laissé douter de ma tendresse :
Vous ne pouviez prévoir cet obstacle secret,
Que le fonds de mon cœur vous opose à regret;
Et cependant il faut que je vous le révele ;
Je sens trop que le Ciel ne m'a point fait pour elle;
Qu'avec quelque beauté qu'il l'ait voulu former,
Mon destin pour jamais me défend de l'aimer.
Si mes jours vous sont chers, si depuis mon enfance
Vous pouvez vous loüer de mon obéïssance ;
Si par quelques vertus & par d'heureux exploits,
Je me suis montré fils du plus grand de nos Rois,
Laissez aux droits du sang ceder la politique.
Epargnez-moi de grace un ordre tiranique.
N'accablez point un cœur qui ne peut se trahir,
Du mortel desespoir de vous désobéïr.

ALPHONSE.

Je vous aime ; & déja d'un discours qui m'offense,
Vous auriez éprouvé la severe vengeance,
Si malgré mon couroux, ce cœur trop paternel
N'hésitoit à trouver en vous un criminel :
Mais ne vous flatez point de cet espoir frivole,
Que mon amour pour vous balance ma parole.
Ecouterois-je ici vos rebelles froideurs,
Tandis qu'à Ferdinand par ses Ambassadeurs
Je viens de confirmer l'alliance jurée ?
Eh ! que devient des Rois la majesté sacrée,
Si leur foi ne peut pas rassurer les mortels :
Si leur trône n'est pur autant que les autels ;
Et si de leurs traitez l'engagement suprême,
N'étoit pas à leurs yeux le decret de Dieu même !
Mais en rompant les nœuds qui vous ont engagé,
Voulez-vous que bientôt Ferdinand outragé,
Nous jurant désormais une guerre éternelle,
Accourre se venger d'un voisin infidelle ;
Que des fleuves de sang...

DOM PEDRE.

Ah ! Seigneur, est-ce à vous
A craindre d'allumer un si foible couroux ?
Bravez des ennemis que vous pouvez abatre.
Quand on est sûr de vaincre a-t-on peur de combatre ?
La victoire a toûjours couronné vos combats ;
Et j'ai moi-même apris à vaincre sur vos pas.
Pourquoi ne pas saisir des palmes toutes prêtes ?
Embrassez un prétexte à de vastes conquêtes ;
Soûmettez la Castille ; & que tous vos voisins
Subissent l'ascendant de vos nobles destins :

Heureux, si je pouvois dans l'ardeur de vous plaire,
Sceller de tout mon sang la gloire de mon pere !

ALPHONSE.

Vos fureurs ne sont pas une regle pour moi :
Vous parlez en Soldat ; je dois agir en Roi.
Quel est donc l'héritier que je laisse à l'Empire !
Un jeune audacieux dont le cœur ne respire
Que les sanglants combats, les injustes projets,
Prêt à compter pour rien le sang de ses Sujets.
Je plains le Portugal des maux que lui prépare
De ce cœur effrené l'ambition barbare.
Est-ce pour conquerir que le Ciel fit les Rois ?
N'auroit-il donc rangé les Peuples sous nos loix
Qu'afin qu'à nôtre gré la folle tirannie
Osât impunément se joüer de leur vie ?
Ah ! jugez mieux du trône ; & connoissez, mon Fils
A quel titre sacré nous y sommes assis :
Du sang de nos Sujets, sages dépositaires,
Nous ne sommes pas tant leurs maîtres que leurs peres ;
Au péril de nos jours il faut les rendre heureux ;
Ne conclure ni paix, ni guerre que pour eux ;
Ne connoître d'honneur que dans leur avantage :
Et quand dans ses excès nôtre aveugle courage
Pour une gloire injuste expose leurs destins,
Nous nous montrons leurs Rois, moins que leurs assassins.
Songez-y : quand ma mort tous les jours plus prochaine,
Aura mis en vos mains la grandeur Souveraine,
Rapelez ces devoirs & les accomplissez.
Aujourd'hui mon Sujet, Dom Pedre, obéïssez ;

DE CASTRO.

Et sans plus me lasser de vôtre résistance,
Dégagez ma parole en épousant Constance.
En un mot je le veux.

DOM PEDRE.

Seigneur, ce que je suis,
Ne me permet aussi qu'un mot,.... je ne le puis.

SCENE III.
ALPHONSE, DOM PEDRE, LA REINE, INE'S.
ALPHONSE.

Madame, qui l'eût crû ! je rougis de le dire ;
Le rebelle résiste à ce que je desire ;
Et malgré mes bontez vient de me laisser voir,
Cet infléxible orgueil que je n'osois prévoir.
Par l'affront solemnel qu'il fait à la Castille,
Il me couvre de honte, & vous & votre fille ;
Et je ne comprens pas par quel enchantement
J'en puis suspendre encor le juste châtiment.
N'est-ce point qu'à ce crime un autre l'enhardisse ?
Si de sa résistance il a quelque complice...

LA REINE.

Sa complice, Seigneur ; vous la voïez.

ALPHONSE.

Inés !

INÉS.

Moi !

LA REINE.

Le Prince séduit par ses foibles attraits,
Et plus sans doute encor par beaucoup d'artifice,
S'aplaudit de lui faire un si grand sacrifice.
Il immole ma fille à cet indigne amour.
J'en ai prévû l'obstacle ; & depuis plus d'un jour,
Les regards de l'ingrat toûjours fixez sur elle,
M'en avoient annoncé la funeste nouvelle.
Tantôt à la perfide, exposant mes douleurs,
J'étudiois ses yeux que trahissoient les pleurs ;
Et son trouble perçant à travers son silence,
Me découvroit assez l'objet de ma vengeance.
A peine je sortois ; tous deux ils se sont vûs,
Ils se sont en secret long-tems entretenus ;
Et tous deux confirmant mes premieres allarmes,
Ne se sont séparez que baignez de leurs larmes.
Regardez même encor ce coupable embarras...

INÉS *au Roi.*

C'est en vain qu'on m'accuse ; & vous ne croirez pas...

DOM PEDRE.

Ne désavoüez point Inés que je vous aime.
Seigneur, loin d'en rougir, j'en fais gloire moi-même :
Mais, laissez sur moi seul tomber vôtre couroux.
Inés n'est point coupable ; & jamais...

ALPPHONSE.

Taisez-vous.

DE CASTRO.

A la Reine.

Madame, en attendant qu'elle se justifie,
Je veux qu'on la retienne, & je vous la confie;
Dans son apartement qu'on la fasse garder.

DOM PEDRE.

O ciel! en quelles mains l'allez-vous hasarder?
Vous exposez ses jours...

ALPHONSE.

    Sortez de ma présence,
Ingrat; je mets encor un terme à ma vengeance:
Vous pouvez dans ce jour réparer vos refus;
Mais ce jour expiré, je ne vous connois plus.
Sortez.

DOM PEDRE.

Ah! pour Inés tant de rigueur m'accable;
Je sors;... *à part*, mais je crains bien de revenir coupable.

SCENE IV.

ALPHONSE, LA REINE, INE'S.

ALPHONSE,

C'En est donc fait; l'ingrat se soustrait à ma loi,
Que vais-je devenir ! serai-je pere ou Roi !
Comment sortir du trouble où son orgueil me livre !
Ciel, daigne m'inspirer le parti qu'il faut suivre.

SCENE V.

LA REINE, INE'S.

LA REINE.

VOus ne voïez ici que cœurs desesperez ;
Mais je vous tiens captive, & vous m'en répondrez.
Quand le Roi laisseroit désarmer sa colere,
Vous ne fléchirez point une jalouse mere ;
Et je vous jure ici que mon ressentiment
N'aura point vû rougir ma fille impunément.
Peut-être, si j'en crois la fureur qui me guide,
Sera-ce encor trop peu du sang d'une perfide ;
Et le Prince cruel qui nous ose outrager
Pouroit... vous pâlissez, perfide à ce danger.
Tremblez : plus de vos cœurs je vois l'intelligence ;
Plus vôtre fraïeur même en hâte la vengeance.

SCENE VI.
LA REINE, INE'S, CONSTANCE.
LA REINE.

AH ma fille!...
CONSTANCE.
De quoi m'allez-vous informer ?
Madame, tout ici conspire à m'allarmer.
J'ai vû sortir le Prince enflâmé de colere ;
Et la même fureur éclatte au front du Pere.
De quels malheurs ...

LA REINE.
Le Prince ose vous refuser.
Voilà, voilà l'objet qui vous fait méprifer.
Gardes conduifez-la. Ma fille eſt outraagée :
Mais duſſai-je en périr, elle ſera vengée.

CONSTANCE.
Ah ! ne vous chargez pas de ces barbares ſoins,
Quand je ſerai vengée, en ſouffrirai-je moins ?

ACTE III.

SCENE PREMIERE.

ALPHONSE, LA REINE.

ALPPHONSE.

Oüi ; qu'elle vienne, avant que mon cœur s'aban-
donne
Aux conseils violens que le couroux lui donne.
Il faut de la prudence empruntant le secours,
D'un trouble encor naissant interrompre le cours.
Voïons Inés ; suivons ce que le ciel m'inspire ;
Dans le fonds de son cœur je me promets de lire.
Madame, je l'attens, qu'on la fasse venir ;
Je vais voir si je dois pardonner ou punir.

LA REINE.

Eh ! peut-elle, Seigneur, n'être pas criminelle ?
L'amour seul qu'elle inspire est un crime pour elle :
Mais elle ne s'est pas bornée à le souffrir ;
Soigneuse de l'accroître, ardente à le nourrir,
Et plus superbe encor par l'himen qu'elle arrête,
Elle s'est tout permis, pour garder sa conquête.
Un des siens me le vient d'avoüer à regret :
Tous les jours auprès d'elle introduit en secret,
Le Prince ne suivant qu'un fol amour pour guide,
Va de ses entretiens goûter l'apas perfide.
Sans doute à la révolte elle ose l'enhardir.
La laisserez-vous donc encor s'en aplaudir ;

DE CASTRO.

Au lieu d'intimider aux dépens de sa vie
Celles que séduiroit son audace impunie ?
De la séverité si vous craignez l'excès,
De la doûceur aussi quel seroit le succés ?
Voulez-vous tous les jours qu'une fiere sujete,
Des enfans de ses Rois médite la défaite ;
Que profitant d'un âge ouvert aux vains desirs,
Où le cœur imprudent vole aux premiers plaisirs ;
Elle usurpe sur eux un pouvoir qui nous brave,
Et dans ses Souverains se choisisse un esclave ?
Délivrez vos enfans de ce funeste écueil ;
De ces fieres beautez épouvantez l'orgueil ;
Et qu'Inés condamnée aprenne à ces rebelles
A respecter des cœurs trop élevez pour elles.

ALPHONSE.

Je voulois la punir ; & mon premier transport
Avec vos sentimens n'étoit que trop d'accord :
Mais je ne suis pas Roi pour ceder sans prudence
Aux premiers mouvemens d'une aveugle vengeance.
Il est d'autres moïens que je dois éprouver.
Ordonnez qu'elle vienne à l'instant me trouver.

SCENE II.

ALPHONSE.

O Ciel, tu vois l'horreur du fort qui me menace !
Je crains toûjours qu'un Fils, confommant fon audace,
Ne me réduife enfin à la néceffité
De punir malgré moi fa coupable fierté.
N'oppofe point en moi le Monarque & le Pere ;
Chaffe loin de mon fils ce tranfport téméraire.
Je lui vais enlever l'objet de tous fes vœux ;
Fai qu'à fes feux éteints fuccedent d'autres feux ;
Qu'il perde fon amour, en perdant l'efperance.
Protege, jufte Ciel, daigne aider ma prudence.

SCENE III.

ALPHONSE, INE'S.

ALPHONSE.

Venez, venez, Inés. Peut-être attendez-vous
Un rigoureux Arrêt dicté par le couroux.
Vous jettez la difcorde au fein de ma Famille ;
Contre le Pourtugal vous armez la Caftille ;
Et vos yeux, feul obftacle à ce que j'ai promis,
M'allarment plus ici qu'un peuple d'ennemis.

Je

Je veux bien cependant ne pas croire, Madáme,
Que d'un Fils indiscret vous aprouviez la flâme ;
Ni qu'en entretenant ses transports furieux,
Vôtre cœur ait eu part au crime de vos yeux ;
Je ne punirai point des malheurs, que peut-être,
Malgré vôtre vertu vos charmes ont fait naître :
Quoiqu'il en soit enfin, je veux bien l'ignorer.
Sans rien aprofondir, il faut tout réparer.

INE'S.

Je l'ai bien crû, Seigneur, d'un Monarque équitable,
Qu'il ne se plairoit pas à me croire coupable ;
Que lui-même plaignant l'état où je me vois,
Ne m'accableroit point...

ALPHONSE.

      Inés, écoutez-moi.
De vos nobles Aïeux je garde la mémoire :
Du sceptre que je porte ils ont accru la gloire :
Vôtre sang illustré par cent fameux exploits,
Ne le cede en ces lieux qu'à celui de vos Rois.
Sur tout à vôtre Aïeul, guide de mon enfance,
Je sçai ce que mon cœur doit de reconnoissance.
C'est ce sage héros qui m'aprit à regner ;
Et par lui la vertu prit soin de m'enseigner
Comme on doit soûtenir le poids d'une couronne,
Pour mériter les noms que l'Univers me donne.
D'un service si grand plus je vous peins l'éclat,
Plus vous voïez combien je craindrois d'être ingrat.
Recevez donc le prix de ce peu de sagesse
Que dès mes jeunes ans je dûs à sa vieillesse ;
Et vous même jugez par d'illustres effets
Si je sçais au service égaler les bienfaits.

C

Rodrigue est de mon sang, il vous aime, Madame;
Il m'a souvent pressé de couronner sa flâme.
Je vous donne à ce Prince, & par un si beau don
Alphonse ne craint point d'avilir sa maison.
Mes Peuples par le rang où ce choix vous appelle
Connoîtront de quel prix m'est un ami fidelle.
Je vais par vos honneurs apprendre au Portugal
Que qui forme les Rois, est presque leur égal.

INÈS.

Des services des miens vantez moi l'importance.
L'honneur de vous les rendre en fût la récompense:
S'ils ont versé leur sang, il étoit vôtre bien;
Ils ont fait leur devoir, vous ne leur devez rien.
Mais si trop genereux, vôtre bonté suprême
Vouloit en moi, Seigneur, païer leur devoir même,
Je vous demanderois pour unique faveur
De me laisser toûjours maîtresse de mon cœur.
Rodrigue par ses feux ne sert qu'à me confondre;
Je ne sens que l'ennui de n'y pouvoir répondre.
Eh! que me serviroient les honneurs éclatans
D'un himen que jamais l'amour...

ALPHONSE.

                                  Je vous entens,
Superbe; ce discours confirme mes allarmes.
Je vois à quel excès va l'orgueil de vos charmes.
Quoi! c'est donc pour mon Fils que vous vous réservez!
Et c'est contre son Roi, vous, qui le soûlevez?
Il vous tarde à tous deux qu'une mort desirée
Ne tranche de mes jours l'incommode durée.
Je gêne de vos feux, l'ambitieuse ardeur.
Mon Fils doit avec vous partager sa grandeur;

DE CASTRO.

Et le rebelle en proïe à l'amour qui l'entraîne,
Ne brûle d'être Roi que pour vous faire Reine.
Que sçai-je même encor si plus impatient,
Au mépris de la loi, peut-être l'oubliant,
Vôtre amour n'auroit point reglé sa destinée,
Et bravé les dangers d'un secret himenée!

INE'S.

O Ciel! que pensez-vous?

ALPHONSE.

Si jamais vous l'osiez,
Si d'un nœud criminel je vous sçavois liez,
Téméraire, tremblez ; n'esperez point de grace ;
L'opprobre & le supplice expieroient vôtre audace.
C'est vôtre même Aïeul dont je vante la foi,
Qui pour l'honneur du trône en a dicté la loi,
Et jusques sur son sang, s'il se trouvoit coupable,
Me força d'en jurer l'exemple inviolable.
Il s'embloit qu'il prévit l'objet de mon couroux,
Et qu'il faudroit un jour le signaler sur vous.
Inés, si vous osiez justifier ses craintes !
C'est lui que j'en atteste, insensible à vos plaintes,
Et prompt à prévenir des éxemples pareils,
Aux dépens de vos jours je suivrois ses conseils.

SCENE IV.

LA REINE, ALPHONSE, INE'S.

LA REINE.

AH ! Seigneur, prévenez la derniere disgrace ;
Le coupable Dom Pedre est déja dans la place,
La fureur dans les yeux, les armes à la main,
Suivi d'un peuple prêt à servir son dessein.
De tous côtez s'éleve une clameur rebelle ;
Chaque moment grossit la troupe criminelle ;
Tous jurent de le suivre ; & leurs cris aujourd'hui
Ne reconnoissent plus de Souverain que lui.
De ce Palais sans doute ils vont forcer la Garde.

ALPHONSE.

Ciel ! à cet attentat faut-il qu'il se hasarde !
Malheur que je n'ai pû prévoir, ni prévenir !
C'en est fait. Allons donc me perdre ou le punir.

A la Reine.

Vous, retenez Inés.

SCENE V.

LA REINE, INES.

LA REINE.

Voilà donc vôtre ouvrage, Perfide !

INES.

Epargnez-vous la menace & l'outrage.
Madame, puis-je craindre un impuissant couroux,
Quand je suis mille fois plus à plaindre que vous.
Hélas ! d'Alphonse seul le sort vous inquiete.
Si Dom Pedre périt, vous êtes satisfaite.
L'un & l'autre péril accable mes esprits ;
Et je crains pour Alphonse autant que pour son Fils.
Quelque succès qu'il ait ; qu'il triomphe, ou qu'il meure,
Puisqu'il est criminel, il faut que je le pleure ;
Et c'est la même peine à ce cœur abatu
D'avoir à regreter sa vie, ou sa vertu.

LA REINE.

Osez-vous affecter ce chagrin magnanime,
Cruelle ; quand c'est vous qui le forcez au crime ?
Quand vous voïez l'effet d'un amour aplaudi,
Que du moins par l'espoir vous avez enhardi ?
Mais que fais-je ! Pourquoi perdre ici les paroles ?
La haine n'entre point dans ces détails frivoles ;

Et que ce soit ou non l'ouvrage de vos soins,
On vous aime, il sufit ; & je ne vous haïs pas moins.
De Dom Pedre & de vous mes malheurs sont le crime,
Puissiez-vous l'un & l'autre en être la victime.
Quel bruit entens-je, ô Ciel ! c'est l'Infant que je voi :
O desespoir ! sçachons ce que devient le Roi.

SCENE VI.

DOM PEDRE, INE'S.

DOM PEDRE *l'Epée à la main.*

ENfin, à la fureur d'une fiere ennemie
Je puis, ma chere Inés, dérober vôtre vie ;
Venez....

INE'S.

Qu'avez-vous fait, Prince ; & faut-il vous voir
Pour mes malheureux jours trahir vôtre devoir ?
Quoi ! Dom Pedre, l'objet d'une flâme si belle,
N'est plus qu'un Fils ingrat & qu'un Sujet rebelle !
Voilà donc tout le fruit d'un funeste lien ?
Vôtre crime aujourd'hui m'éclaire sur le mien.
Mais qu'apperçois-je ! ô Ciel ! quel sang teint cette épée !
J'en frémis ; dans quel sein l'auriez-vous donc trempée !

DOM PEDRE.

Par ces doutes affreux vous me glacez d'horreur.
Non, j'ai de ce péril affranchi ma fureur.

DE CASTRO.

Aux portes du Palais dès que j'ai vû mon pere
A nos premiers efforts opofer fa colere,
J'ai füi de fa préfence, & quittant les mutins,
Je me fuis jufqu'à vous ouvert d'autres chemins ;
Et fur quelques Soldats laiffant tomber ma rage,
De qui m'a réfifté la mort m'a fait paffage.
Hâtez-vous, fuivez-moi.

INE'S.

Non, ne l'efperez pas.
Prince, je crains le crime & non point le trépas.
Dans ce défordre affreux, je ne puis vous entendre.
Allez à vôtre pere, & courez le défendre.
Allez mettre à fes pieds ce fer féditieux ;
Méritez vôtre grace, ou mourez à fes yeux.
Je fouffrirai bien moins du deftin qui m'accable!
A vous perdre innocent, qu'à vous fauver coupable.

DOM PEDRE.

Laiffez-moi mettre au moins vos jours en fûreté.
Je ne crains que pour vous un Monarque irrité.
Laiffez-moi remporter ce fruit de mon audace ;
Et je reviens alors lui demander ma grace.
J'écoute jufques là l'infléxible couroux ;
Et ne puis rien fur moi, tant que je crains pour vous.

INE'S.

Ah ! par tout ce qu'Inés eût fur vous de puiffance,
Reprenez, s'il fe peut, toute vôtre innocence.
Allez défavoüer de coupables tranfports ;
Pour prix de mon amour, donnez-moi vos remords.
Mais fi vous m'en croïez moins qu'une aveugle rage,
Je demeure en ces lieux, & j'y fuis vôtre ôtage.

DOM PEDRE.

Quoi ! barbare, ofez-vous refufer mon fecours ?

SCENE VII.

CONSTANCE, DOM PEDRE, INE'S.

CONSTANCE.

AH ! Dom Pedre füiez ; il y va de vos jours.
Vous allez voir Alphonse ; & sa seule présence
A des séditieux désarmé l'insolence.
Ils n'ont pû soûtenir sur son front irrité
La fureur confonduë avec la majesté.
Tout est paisible. Il vient ; & sa colere aigrie
S'il vous voit...

DOM PEDRE.

Est-ce à vous de trembler pour ma vie,
Genereuse Princesse ? & par quelle bonté
Prendre un soin que Dom Pedre a si peu mérité ?

CONSTANCE.

D'un vulgaire dépit j'étouffe le murmure ;
Je vois trop vos dangers pour sentir mon injure.
Ne perdez point de tems ; hâtez vous & füiez ;
Je vous pardonne tout, pourvû que vous viviez.
Ne vous exposez point à la rigueur fatale...
Füiez, vous dis-je encor, fust-ce avec ma rivale.
O Ciel ! le Roi paroît.

SCENE VIII.

ALPHONSE, CONSTANCE, DOM PEDRE, INE'S, LA REINE.

ALPHONSE *sans voir Dom Pedre.*

Oui, trop coupable Fils,
De ta rebellion tu recevras le prix.
Rien ne peut te sauver... mais je vois le perfide.
Eh bien ! ton bras est-il tout prêt au parricide ?
Traître, rend ton épée, ou m'en perce le sein.
Choisi.

DOM PEDRE.

Ce mot, Seigneur, l'arrache de ma main.
En vous la remettant ma perte est infaillible ;
Je ne connois que trop vôtre cœur infléxible ;
Mais je ne puis malgré le péril que je cours
Balancer un moment mon devoir & mes jours.
Disposez-en, Seigneur : mais que vôtre vengeance
Sçache au moins discerner le crime & l'innocence.
C'est pour sauver Inés que je m'étois armé ;
J'en ai crû sans égard mon amour allarmé ;
Et je la dérobois au sort qui la menace,
Si sa vertu se fût prêtée à mon audace.
Je n'ai pû la fléchir ; & bravant mon effroi,
Elle veut en ces lieux vous répondre de moi.
Reconnoissez du moins ce courage héroïque.
Délivrez-la,* Seigneur, d'une main tirannique
Qui pourroit...

* *Montrant la Reine.*

ALPHONSE.

Tu devrois t'occuper d'autres soins.
Tu la servirois mieux en la défendant moins.
Crains pour elle & pour toi...

DOM PEDRE.

S'il faut qu'elle périsse,
Hâtez-vous donc, Seigneur, d'ordonner mon suplice.
Songez, si vous n'usez d'une prompte rigueur,
Que tant que je respire il lui reste un vengeur.
Vainement vous croïez la révolte calmée ;
Il ne faut qu'un instant pour la voir r'allumée ;
Le peuple malgré vous peut briser ma prison.
Je ne connoîtrois plus ni devoir ni raison ;
Par des torrens de sang s'il falloit les répendre,
J'irois venger Inés, n'ayant pû la défendre ;
Dans mes transports cruels renverser tout l'Etat ;
Punir sur mille cœurs cet énorme attentat ;
Et du carnage alors ma fureur vengeresse
N'excepte que vos jours & ceux de la Princesse.

ALPHONSE.

Gardes, délivrez-moi de cet emportement ;
Et qu'il soit arrêté dans son appartement.
Fils ingrat & rebelle, où réduis-tu ton pere ?
Faudra-t-il immoler une tête si chere !

A la Reine.

Rentrez avec Inés.

A Constance.

Ne suivez point mes pas.
Dans ces affreux momens je ne me connois pas.

ACTE IV.

SCENE PREMIERE.

ALPHONSE à un Garde.

QU'on m'ameine mon Fils. Que mon ame est émûë !
Quel sera le succès d'une si triste vûë !
Si toûjours infléxible il brave encor mes loix,
Je vais donc voir mon Fils pour la derniere fois.
N'ai-je par tant de vœux obtenu sa naissance ;
N'ai-je avec tant de soin élevé son enfance ;
Et formé sur mes pas au mépris du repos,
Ne l'ai-je vû si-tôt égaler les héros,
Que pour avoir à perdre une tête plus chere !
N'étoit-il donc, ô Ciel, qu'un don de ta colere !
Seul, tu me consolois, mon Fils ; & sans chagrin,
Je sentois de mes jours le rapide déclin :
Dans un digne héritier je me voïois renaître :
Je croïois à mon Peuple élever un bon Maître ;
Et de ton regne heureux, préfageant tout l'honneur,
D'avance je goûtois ta gloire & leur bonheur !
Que devient désormais cette douce esperance !
Tu n'es plus que l'objet d'une juste vengeance.
Ton Pere & tes Sujets vont te perdre à la fois ;
Ta mort est aujourd'hui le bien que je leur dois.
Ta mort ! Et cet Arrêt sortiroit de ma bouche !
La nature frémit d'un devoir si farouche.

Je dois te condamner : mais mon cœur combattu
Ressent l'horreur du crime en suivant la vertu.
Je ne sçais quelle voix crie au fonds de mon ame,
Te justifie encor par l'exès de ta flàme ;
Me dit pour excuser tes attentats cruels,
Que les plus furieux sont les moins criminels.
J'ai du moins reconnu que malgré ton yvresse,
Tu n'as point pour ton pere étouffé ta tendresse :
J'ai vû qu'au desespoir de me désobéïr,
Tu mourois de douleur, sans pouvoir me haïr.
Mais de quoi m'entretiens-je? & que prétens-je faire?
Au mépris de mon rang ne veux-je être que pere ?
Ah ! ce nom doit ceder au nom sacré des Rois.
Quittons le diadême, ou vengeons-en les droits.
En pleurant le coupable, ordonnons le suplice ;
Effraïons mes Sujets de toute ma justice ;
Et que nul ne s'expose à sa sévérité,
En voïant que mon Fils n'en n'est pas excepté.

SCENE II.

ALPHONSE, DOM PEDRE.

ALPHONSE.

LE Conseil est mandé, Prince, je vais l'entendre.
Vous jugez de l'Arrêt que vous devez attendre ;
Et quand par vos fureurs vous m'avez offensé,
C'est vous-même, mon Fils, qui l'avez prononcé.
Vous pouvez cependant mériter vôtre grace.
L'obéïssance encor peut réparer l'audace.

Tout irrité qu'il est, ce cœur parle pour vous ;
Et je sens que l'amour y suspend le couroux,
Achevez de le vaincre. Un repentir sincere
Peut me rendre mon Fils, & va vous rendre un Pere.
C'est moi qui vous en prie ; & dans mon tendre effroi,
Je cherche à vous fléchir, moins pour vous que pour moi.
J'oublierai tout enfin : dégagez ma promesse.
Il faut aujourd'hui même épouser la Princesse ;
Et si vous refusez ce nœud trop attendu,
J'en mourrai de douleur ; mais vous êtes perdu.

DOM PEDRE.

Connoissez vôtre Fils, Seigneur : malgré son crime,
Il tient encor de vous un cœur trop magnanime.
Les plus affreux périls ne sçauroient m'ébranler.
Vous rougiriez pour moi, s'ils me faisoient trembler.
Je ne crains point la mort ; & ce que n'a pû faire
L'amour & le respect que je porte à mon pere,
Les suplices tout prêts ne peuvent m'y forcer.
Voila mes sentimens ; vous pouvez prononcer.

ALPHONSE.

Eh ! pourquoi conserver, en méritant ma haine,
Ce reste de respect qui ne sert qu'à ma peine !
Laisse-moi plûtôt voir un Fils dénaturé,
Un ennemi mortel contre moi conjuré,
Tout prêt à me percer d'un poignard parricide.
R'affermi ma justice encore trop timide ;
Et quand tu me réduis enfin à le vouloir,
Laisse-moi, te punir au moins sans desespoir.

INES

DOM PEDRE.

J'ai mérité la mort.

ALPHONSE.

Je t'offre encor la vie.

DOM PEDRE.

Que faut-il ?

ALPHONSE.

Obéir.

DOM PEDRE

Elle m'est donc ravie.
Je ne puis à ce prix joüir de vos bontez.

ALPHONSE *aux Gardes.*

Faites entrer les Grands ; & vous, Prince, sortez.

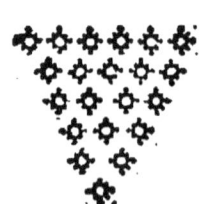

SCENE III.

ALPHONSE, RODRIGUE, HENRIQUE, & les autres GRANDS du Conseil.

ALPHONSE.

Que chacun prenne place.* Hélas! à mes allarmes
Je vois que tous les yeux donnent déja des larmes.
D'un trouble égal au mien vous paroissez saisis ;
Vous semblez tous avoir à condamner un Fils.
Triomphons vous & moi d'une vaine tristesse.
Que la seule Justice ici soit la maîtresse.
Ceux que le Ciel choisit pour le Conseil des Rois,
N'ont plus rien à pleurer que le mépris des Loix.
Vous sçavez que l'Infant par un refus rebelle,
Des Traitez les plus saints rompt la foi solemnelle,
Qu'à la tête du peuple aujourd'hui l'inhumain,
A forcé ce Palais les armes à la main ;
Que content d'éviter l'horreur du Parricide,
Il me laissoit en proïe à ce Peuple perfide
Qui promettoit ma tête & mon trône à l'Ingrat,
Si je n'eusse opposé l'audace à l'attentat.
Vous avez à venger la Grandeur souveraine ;
Vous avez vû le crime ; ordonnez-en la peine.
Vous, Rodrigue parlez.

*Après qu'on s'est placé.

RODRIGUE.

Le devrois-je, Seigneur ?
Je vous ai pour Inés fait connoître mon cœur.
Peut-être sans l'amour dont elle est prévenuë,
De vous-même aujourd'hui je l'aurois obtenuë ;
L'Infant seul, de ma flâme, est l'obstacle fatal ;
Et vous me commandez de juger mon rival !
Consultez seulement vôtre propre clémence.
Ce que vous ressentez, vous dit ce que je pense.
Pour ce cher criminel tout doit vous attendrir.
Peut-on déliberer s'il doit vivre ou mourir ?
Pardonnez mes transports ; mais c'est mettre en balance
La grandeur de l'Empire avec sa décadence :
C'est douter si du joug il faut nous dérober,
Et si vôtre grand nom doit s'accroître ou tomber.
Eh ! quel autre après vous en soûtiendroit la gloire ?
Qui, sous nos Etendarts, fixeroit la victoire ?
Vous ne l'avez point vû : mais vos regards surpris
Auroient à tous ses coups reconnu vôtre Fils ;
Et sur quelque attentat qu'il faille ici résoudre,
Dans ses moindres exploits, trouvé de quoi l'absoudre.
Il ose, dites-vous, violer les Traitez ;
Mais les Traitez des Rois sont-ils des cruautez ?
Faut-il aux interêts, aux vœux de la Castille
Immoler sans pitié vôtre propre famille ?
N'avez vous pas, Seigneur, par vos empressemens
Avec assez d'éclat dégagé vos sermens ?
Croïez que Ferdinand rougiroit si Constance
Ne tenoit un époux que de l'obéïssance,
Tandis que l'amour peut la couronner ailleurs,
Et lui promet par tout des sceptres & des cœurs.

Il

Il force le Palais : je conviens de son crime ;
Mais vous-même jugez du dessein qui l'anime.
Il n'en veut point au trône ; il respecte vos jours ;
Au seul danger d'Inés il donne son secours.
Amant desesperé plûtôt que Fils rebelle,
Mérite-t-il la mort d'avoir tremblé pour elle !
Daignez lui rendre Inés ; vous retrouvez un Fils,
Touché de vos bontez, & d'autant plus soûmis.
Je dirai plus encor : s'il le faut, qu'il l'épouse.
Ce mot sort à regret d'une bouche jalouse ;
Mais dussai-je en mourir, sauvez vôtre soûtien ;
Sa vie est tout, Seigneur, & la mienne n'est rien.

ALPHONSE.

Je reconnois mon sang. Cet effort magnanime,
Même, en vous abusant, est bien digne d'estime.
Vôtre cœur à sa gloire immole son repos ;
Et vous prononcez moins en Juge qu'en Heros.
Mais écoutons Henrique.

HENRIQUE.

                Hélas ! que puis-je dire ?
Dans le trouble où je suis, à peine je respire.
Oüi, Seigneur ; & vos yeux, s'ils voïoient mes douleurs,
Entre Dom Pedre & moi partageroient leurs pleurs.
Dans le dernier combat il m'a sauvé la vie ;
Par le fer Africain elle m'étoit ravie,
Si ce genereux Prince, ardent à mon secours,
Au coup prêt à tomber n'eût derobé mes jours.
C'est donc pour le juger que son bras me délivre !
A mon liberateur, Ciel pourrois-je survivre !
Plus qu'à son pere même il m'est cher aujourd'hui ;
Il tient de vous la vie, & je la tiens de lui.

D

INES

Je sçais pourtant, Seigneur, que la reconnoissance
Du devoir d'un Sujet jamais ne nous dispense.
Ce sacré Tribunal ne m'offre que mon Roi ;
Et je ne vois ici que ce que je vous doi.
C'est ma sincerité. Vous l'allez donc connoître.
Dans la peur d'être ingrat, je ne serai point traître.
Dom Pedre par son crime a mérité la mort ;
Et les Loix, malgré nous, décident de son sort.
La Majesté suprême une fois méprisée,
Sans le sang criminel ne peut être apaisée ;
Et ces droits qu'aujourd'hui doivent venger vos coups,
Sont ceux de vôtre rang, & ne sont point à vous.
Quoique d'un tel Arrêt la rigueur vous confonde,
Vous en êtes comptable à tous les Rois du monde.
Je n'ose dire plus......

ALPHONSE.

Acheve.

HENRIQUE.

Je ne puis.

ALPHONSE.

Ne me déguise rien ; Tu le dois.

HENRIQUE.

J'obéïs.
S'il faut qu'en sa faveur la pitié vous fléchisse,
Vous ne regnerez plus qu'au gré de son caprice.
Le peuple qui croira qu'il s'est fait redouter,
Sur ses moindres chagrins prêt à se révolter,
Et méprisant pour lui vos ordres inutiles,
Va livrer tout l'Etat aux discordes civiles.

Vous verriez tous les cœurs apuïer ses projets ;
Vous n'auriez qu'un vain trône, il auroit les Sujets,
Ma parole tremblante à chaque instant s'arrête.
Il a sauvé mes jours, & je proscris sa tête !
Mais je dois à mon Roi de sinceres avis.
Ma mort acquitera ce que je dois au Fils.

ALPHONSE.

De la foi d'un Sujet, ô prodige héroïque !
Alphonse en ce moment pourra-t-il moins qu'Henri-
 que !
Je vois ce qu'il t'en coûte ; & tu m'apprens trop bien,
Qu'où la Justice parle on doit n'écouter rien.
Oüi, oüi, de ta vertu l'autorité suprême
L'emporte dans mon cœur sur la nature même.

Aux autres Conseillers.

Je vois trop vos conseils. Ce silence, ces pleurs
M'annoncent mon devoir en plaignant mes malheurs,
Je condamne mon Fils ; il va perdre la vie.
C'est à vous, chers Sujets, que je le sacrifie ;
Quelque crime où l'ingrat se soit abandonné,
Si je n'étois que pere, il seroit pardonné.
Consolez-vous. Songez que ma prompte vengeance
Délivre vos Enfans d'une injuste puissance ;
Qu'on doit tout redouter de qui trahit la Loi ;
Et qu'un Sujet rebelle est tiran, s'il est Roi.
L'Arrêt en est porté. Que chacun se retire ;
Et vous de son destin, Mandoce, allez l'instruire.

SCENE IV.

ALPHONSE.

Mais quel sera le mien ? malheureux, qu'ai-je fait !
Devoir impitoïable, êtes-vous satisfait ?
Je la puis donc goûter cette gloire inhumaine
Qu'a connuë avant moi la fermeté Romaine !
Severe Manlius, infléxible Brutus,
N'ai-je pas égalé vos feroces vertus ?
Je prononce un Arrêt que mon cœur désavouë,
Eh bien ! que l'Univers avec horreur te louë,
Monarque infortuné ! mais d'un si grand effort,
Je ne souhaite plus d'autre prix que la mort.

DE CASTRO.

SCENE V.

ALPHONSE, CONSTANCE, LA REINE.

CONSTANCE.

SEigneur, le croirons-nous ce jugement barbare ?
Tout le Conseil en pleurs d'avec vous se sépare.
Nos malheurs sont écrits sur ce front éperdu.
Vous avez condamné vôtre Fils !...

ALPHONSE.

Je l'ai dû.

CONSTANCE.

Pouvez-vous l'avoüer ? Ciel ! & puis-je l'entendre.

LA REINE.

Quels suplices cruels pour un Pere si tendre !
Et faut-il que l'Infant par sa temerité
Vous ait réduit, Seigneur à la nécessité.
De...

ALPHONSE.

Pourquoi jugez-vous sa mort si nécessaire,
Madame ? quand j'ai fait ce que je devois faire,
Quand malgré mon amour, j'ose le condamner,
C'est à vous de penser que j'ai dû pardonner.

Je vois trop qu'aujourd'hui mon Fils n'a plus de mere.
Je vais le pleurer seul.

SCENE VI.
CONSTANCE, LA REINE.
CONSTANCE.

AH ! si je vous suis chere,
Madame, profitez de cet heureux moment ;
Redoublez par vos pleurs son attendrissement ;
Sauvez un malheureux du coup qui le menace ;
Allez ; parlez ; pressez ; vous obtiendrez sa grace.

LA REINE.

Je le suis. De mes soins attendez le succès ;
Et fiez-vous à moi de vos vrais interêts.

SCENE VII.

CONSTANCE.

Garde, cherchez Inés ; qu'un moment on l'ameine.
Je dois l'entretenir par l'ordre de la Reine.
Le Garde sort.
Il le faut ; pour sauver de si précieux jours,
De ma propre rivale implorons le secours ;
Heureuse qu'il vécût, fust-ce pour elle-même,
Il n'importe à quel prix je sauve ce que j'aime.

SCENE VIII.

CONSTANCE, INE'S.

CONSTANCE.

Dom Pedre est condamné, Madame,

INE'S.

O desespoir !

CONSTANCE.

Vous sçavez mon amour ; & vous avez pû voir
Que malgré ses refus, malgré ma jalousie,
Je ne connois encor d'autre bien que sa vie.

La Reine va tâcher de fléchir un époux;
Moi-même je ne puis qu'embrasser ses genoux;
Mais quel foible secours contre un Roi si sévere!
Si pour le mieux servir, vôtre amour vous éclaire,
Vous sçavez quels amis peuvent s'unir pour lui,
Par quelle voïe il faut s'en assurer l'apui;
Je suis prête à tenter, pour obtenir qu'il vive,
Tout ce que vous feriez, si vous n'étiez captive;
Vos conseils sont des loix que vous m'allez dicter,
Et qu'au prix de mes jours je cours executer.

INE'S.

Dans un trouble si grand j'ai peine à vous répondre.
Mes fraïeurs, vos bontez, tout sert à me confondre.
Le Prince ne vous doit paroître qu'un ingrat;
D'un outrage apparent vous avez vû l'éclat;
Je ne suis à vos yeux qu'une indigne rivale;
Cependant...

CONSTANCE.

Qu'aujourd'hui la vertu nous égale.
Le Prince nous est cher; songeons à le sauver,
Et sans autre interêt que de le conserver.

INE'S.

Ce discours genereux raffermit ma constance.
Il me reste, Madame, encor une esperance.
Vous seule auprès du Roi, m'ouvrant un libre accés,
Pouvez de mes desseins préparer le succés.
La Reine arrêteroit ce que j'ose entreprendre.
Parlez vous-même au Roi; qu'il consente à m'entendre.
J'espere, en le voïant, désarmer son couroux,
Je sauverai le Prince; & peut-être pour vous.

CONSTANCE.

Vous me feriez, Madame, une injure cruelle
De penser que ce mot pût redoubler mon zele.
Mon cœur brûle pour lui d'un feu plus genereux.
L'honneur de le sauver est tout ce que je veux.
Rentrez. Je vais au Roi faire parler mes larmes;
Puisse aujourd'hui le Ciel vous prêter d'autres armes;
Qu'il redonne le Prince à nos vœux empressez;
Il n'importe pour qui ; qu'il vive ; c'est assez.

ACTE V.

SCENE PREMIERE.
LA REINE, CONSTANCE.

LA REINE.

QU'avez-vous obtenu ? vous êtes outragée,
Ma fille, & vous semblez craindre d'être vengée !
Quels sont donc vos desseins ? & pour quels interêts
Prétendez-vous qu'Alphonse écoute encor Inés ?
Pourquoi, loin de sentir une injure cruelle,
Mandier par vos pleurs une injure nouvelle ;
Vous exposer à voir deux amans odieux
De vos maux & des miens triompher à nos yeux ?

CONSTANCE.

Ah ! sans me reprocher ma pitié genereuse,
Soufrez que la vertu du moins me rende heureuse.
C'est pour ne point rougir des afronts qu'on m'a faits,
Qu'il faut ne m'en venger que par mes seuls bienfaits.
Quand Lisbonne avec vous a reçû vôtre fille,
Ses Peuples bénissoient les dons de la Castille;
Leurs cris remplissoient l'air des plus tendres souhaits;
Ils croïoient avec moi voir arriver la paix.

Quelle paix, juste Ciel! quelle paix sanguinaire!
Je leur aportois donc la celeste colere!
Je venois diviser les cœurs les plus unis,
Et par la main du Pere assassiner le Fils!
Quoi leurs pleurs désormais accuseroient Constance
De la mort d'un Héros leur unique esperance!
Hélas! ce seul penser redouble mes terreurs.
Puisse l'heureuse Inés prévenir ces horreurs.
Je n'ose me flater du succès qu'elle espere;
Mais, Madame, à ce prix qu'elle me seroit chere!

LA REINE.

Et moi dans les chagrins que tous deux m'ont donnez,
Je les haïs d'autant plus que vous leur pardonnez.
Je ne puis voir trop-tôt expirer mes victimes;
Vous avoir méprisée est le plus grand des crimes.
Et comment d'un autre œil verrois-je l'inhumain,
Qui vous fait le joüet d'un farouche dédain?
Dom Pedre a pû lui seul vous faire cet outrage.
C'est un monstre odieux trop digne de ma rage.
Je sens pour vous l'affront que vous ne sentez pas;
Et je voudrois païer sa mort de mon trépas.

CONSTANCE.

Vous voulez donc le mien?

LA REINE.

L'aimeriez-vous encore?

CONSTANCE.

Oüi: tout ingrat qu'il est, Madame, je l'adore.
Cachez-moi les transports d'une aveugle fureur;
Ce sont autant de coups dont vous percez mon cœur.

LA REINE.

Il en est plus coupable. O fille infortunée !
A quels affreux destins êtes-vous condamnée !
Je ne sçai ce qu'Inés peut attendre du Roi ;
Mais enfin son espoir m'a donné trop d'effroi.
S'il faut qu'à ses discours Alphonse s'attendrisse ;
S'il pouvoit de l'ingrat révoquer le suplice,
Croïez que du succés qu'Inés ose tenter,
Son orgueil n'auroit pas long-temps à se flater.
Je ne dis rien de plus. La fureur qui m'anime
Vous laisse vos vertus & se charge du crime

CONSTANCE.

Ah ! par pitié pour moi, sauvez ces malheureux.

LA REINE.

C'est par pitié pour vous que je m'arme contr'eux.

CONSTANCE.

Faut-il que vôtre amour aigrisse mes allarmes !

SCENE II.

ALPHONSE, LA REINE, CONSTANCE.

ALPHONSE.

PRincesse, je n'ai pû résister à vos larmes.
Je vais entendre Inés ; on la conduit ici :
Mais elle espere envain … laissez-moi ; la voici.

LA REINE.

Songez en l'écoutant qu'elle est la plus coupable.

CONSTANCE.

Seigneur, jettez sur elle un regard favorable.

SCENE III.

ALPHONSE, INE'S, UN GARDE.

INE'S.

C'Eſt, je n'en doute point, pour la derniere fois
Que j'adreſſe à mon Prince une timide voix.
Mais avant tout, Seigneur, agréez que ce Garde
Que je viens d'informer d'un ſoin qui me regarde,
Aille dés ce moment...

ALPPHONSE.

Il faut vous l'accorder.

Au Garde.

Faites ce qu'elle veut.

INE'S *au Garde.*

Revenez ſans tarder.

SCENE IV.

ALPHONSE, INES.

INES.

Vous l'avez condamné, Seigneur, malgré vous-
même,
Ce Fils que vous aimez, ce Héros qui vous aime ;
Et ce front tout couvert du plus affreux ennui,
Marque assez la pitié qui vous parle pour lui.
Vous ne l'écoutez point. L'inflexible Justice
De tous vos sentimens obtient le sacrifice.
Vous voulez, aux dépens des destins les plus chers,
D'une vertu si ferme étonner l'Univers.
Soïez juste : des Rois c'est le devoir suprême :
Mais le crime aparent n'est pas le crime même.
Un ingrat, un rebelle est digne du trépas ;
A ces titres, Seigneur, vôtre Fils ne l'est pas.
Si malgré les traitez il refuse Constance,
Ce n'est point un effet de désobéïssance.
En forçant ce Palais, les armes à la main,
Il n'a point attenté contre son Souverain.
Il vous pouvoit d'un mot prouver son innocence ;
Mais il croît me devoir ce genereux silence ;
Et, pour lui dédaignant un facile secours,
Il aime mieux mourir que d'exposer mes jours.
C'est à moi d'éclairer la justice d'Alphonse.
Que sur la vérité vôtre bouche prononce,

Ces crimes qu'aujourd'hui pourfuit vôtre couroux
Le devoir les a faits ; le Prince eft mon époux.

ALPHONSE.

Mon Fils eft vôtre époux ! Ciel, que viens-je d'entendre !
Et fur quelle efperance ofez-vous me l'aprendre ?
Quand vous voïez pour lui l'excés de ma rigueur,
Penfez-vous pour vous-même attendrir mieux mon cœur ?

INÉS.

Ah ! Seigneur, mon aveu ne cherche point de grace.
D'un plus heureux fuccés j'ai flaté mon audace ;
Et je ne prétens rien, en vous éclairciffant,
Que livrer la coupable, & fauver l'innoçent.
Seule, j'ai violé cette loi redoutable
Que vous m'avez tantôt jurée inviolable ;
J'ai mérité la mort : mais, Seigneur, cette loi
N'engageoit point le Prince, & ne lioit que moi.
Je ne m'excufe point par l'amour le plus tendre,
Par le péril preffant dont il falloit défendre
Un Fils que vos yeux même ont vû prêt à perir,
Que le don de ma foi pouvoit feul fecourir.
A mes propres regards j'en fuis moins criminelle ;
Mais aux vôtres, Seigneur, je fuis une rebelle
Sur qui ne peut trop-tôt tomber vôtre couroux,
Trop flatée à ce prix de fauver mon époux.
En me donnant à lui, j'ai confervé fa vie ;
Pour le fauver encor Inés fe facrifie :
Je me livre fans craindre, aux plus feveres loix ;
Heureufe, d'avoir pû vous le fauver deux fois !

ALPH.

ALPHONSE.

Non, non, quelque pitié qui cherche à me surprendre,
Même de vos vertus je sçaurai me défendre ;
Rebelle, vôtre crime est tout ce que je vois ;
& je satisferai mes sermens & les loix.

SCENE V.

ALPHONSE, INES ;

Et ses deux ENFANS *amenés par une Gouvernante.*

INES.

EH bien, Seigneur, suivez vos barbares maximes ;
On vous ameine encor de nouvelles victimes.
Immolez sans remords, & pour nous punir mieux,
Ces gages d'un himen si coupable à vos yeux.
Ils ignorent le sang dont le Ciel les fit naître :
Par l'Arrêt de leur mort faites-les reconnoître :
Consommez vôtre ouvrage ; & que les mêmes coups
Rejoignent les enfans, & la femme & l'époux.

ALPHONSE.

Que vois-je ! & quels discours ! que d'horreurs j'envisage !

INES.

Seigneur, du desespoir ; pardonnez le langage.
Tous deux à vôtre trône ont des droits solemnels.

E

Embraſſez, mes Enfans, ces genoux Paternels.
D'un œil compatiſſant, regardez l'un & l'autre ;
N'y voïez point mon ſang, n'y voïez que le vôtre.
Pourriez-vous refuſer à leurs pleurs, à leurs cris
La grace d'un Héros, leur pere & vôtre Fils.
Puiſque la loi trahie, éxige une victime,
Mon ſang eſt prêt, Seigneur, pour expier mon crime.
Epuiſez ſur moi ſeule un ſevere couroux ;
Mais cachez quelque tems mon ſort à mon époux ;
Il mourroit de douleur ; & je me flate encore,
De mériter de vous ce ſecret que j'implore.

ALPHONSE *au Garde.*

Allez chercher mon Fils. Qu'il ſache qu'aujourd'hui
Son pere lui fait grace, & qu'Inés eſt à lui.

INE'S.

Juſte Ciel ! quel bonheur ſuccede à ma miſere ?
Mon Juge en un inſtant eſt devenu mon Pere !
Qui l'eût jamais penſé, qu'à vos genoux, Seigneur,
Je mourrois de ma joie, & non de ma douleur !

ALPHONSE.

Ma fille, levez-vous. Ces Enfans que j'embraſſe
Me font déja goûter les fruits de vôtre grace :
Ils me font trop ſentir que le ſang a des droits
Plus forts que les ſermens, plus puiſſants que les loix.
Joüiſſez déſormais de toute ma tendreſſe.
Aimez toûjours ce Fils que mon amour vous laiſſe.

INE'S

Quel trouble, que deviens-je ! & qu'eſt-ce que je ſens !
Des plus vives douleurs quels accés menaçans !

Mon Sang s'est tout à coup enflâmé dans mes veines.
Eloignez mes Enfans ; ils irritent mes peines.
Je succombe ; j'ai peine à retenir mes cris.
Hélas ! Seigneur, voilà ce qu'a craint vôtre Fils.

ALPHONSE.

Ah ! je vois trop d'où part cet affreux sacrifice
Et la perfide main qu'il faut que j'en punisse.
Malheureux, où fuirai-je ! & de tant d'attentats...

SCENE VI.

DOM PEDRE *sans voir Inés.*

Seigneur, à mes transports ne vous dérobez pas

ALPHONSE.

Laissez-moi...

DOM PEDRE

   Permettez qu'à vos pieds je déploie
Et ma reconnoissance & l'excés de ma joie.
Vous me rendez Inés !

ALPHONSE.

   Prince trop malheureux !
Je te la rends en vain, nous la perdons tous deux.
Tu la vois expirante.

DOM PEDRE *tombant entre les bras de Dom Fernand.*

Ah ! tout mon Sang se glace.

INÉS à *Dom Pedre.*

J'éprouve en même-tems mon suplice & ma grace,
Cher Prince ; je ne puis me plaindre de mon sort,
Puisqu'un moment du moins dans les bras de la mort,
Je me vois vôtre épouse avec l'aveu d'un pere ;
Et que ma mort lui coûte une douleur sincere.

DOM PEDRE.

Vôtre mort ! que deviens-je, à ces tristes accens !
Quel affreux désespoir a ranimé mes sens !
Inés, ma chere Inés, pour jamais m'est ravie !
Ce fer * m'est donc rendu pour m'arracher la vie.

ALPHONSE.

Ah ! mon Fils, arrêtez.

DOM PEDRE.

Pourquoi me secourir ?
Soïez encor mon Pere en me laissant mourir.

Se jettant aux pieds d'Inés.
Que j'expire à vos pieds ; & qu'unis l'un à l'autre,
Mon ame se confonde encore avec la vôtre.

INÉS.

Non, cher Prince, vivez. Plus fort que vos malheurs,
D'un pere qui vous plaint, soulagez les douleurs.

* *Il veut se frapper.*

Soufrez encor, foufrez qu'une épouſe expirante
Vous demande le prix des vertus de l'Infante.
Par ſes ſoins genereux, ſongez que vous vivez.
Puiſſe-t-elle joüir des jours qu'elle a ſauvez !
Plus heureuſe que moi... conſolez vôtre pere !
Mais n'oubliez jamais combien je vous fus chere.
Aimez nos chers Enfans ; qu'ils ſoient dignes... je meurs.
Qu'on m'emporte.

ALPHONSE.

Comment ſurvivre à nos malheurs ?

FIN.

APPROBATION.

J'Ai lû par Ordre de Monseigneur le Garde des Sceaux INES DE CASTRO, *Tragedie*, & j'en ai jugé comme tout le Public. FAIT à Paris ce 30 Juillet 1723. FONTENELLE.

De l'Imprimerie de LOUIS SEVESTRE, Fils.

PRIVILEGE DU ROY.

LOUIS, par la grace de Dieu, Roi de France & de Navarre, A nos Amez & feaux Conseillers, les Gens tenans nos Cours de Parlement, Maîtres des Requêtes ordinaires de nôtre Hôtel, Grand Conseil, Prevôt de Paris, Baillifs, Senechaux, leurs Lieutenans Civils, & autres Nos Justiciers qu'il appartiendra, SALUT: Nôtre tres-cher & bien Amé le Sieur LE SIEUR DE LA MOTTE, Nous aïant fait exposer qu'il desireroit faire imprimer plusieurs Ouvrages de sa Composition, intitulez: OEUVRES EN PROSE ET EN VERS, & les donner au Public, s'il Nous plaisoit luy accorder nos Lettres de Privilege sur ce nécessaires: Nous avons permis & permettons par ces Presentes audit Sieur DE LA MOTTE, de faire imprimer lesdites Oeuvres en Prose & en Vers, en telle forme, forme, marge, caractere, en un ou plusieurs volumes, conjointement ou séparement & autant de fois que bon lui semblera, & de le faire vendre & débiter par tout nôtre Roïaume pendant le tems de Dix Années consécutives, à compter du jour de la datte desdites Présentes: Faisons deffenses à toutes sortes de personnes de quelque qualité & condition qu'elles soient, d'en introduire d'impression étrangere dans aucun lieu de nôtre obéïssance: & à tous Imprimeurs, Libraires & autres, d'imprimer, faire imprimer, vendre, faire vendre, débiter, ni contrefaire lesdites Oeuvres en Prose & en Vers, en tout ni en partie, ni d'en faire aucuns extraits, sous quelque preterte que ce soit, d'augmentation, correction, changement de titre, impression en Langue Latine, Langue Greque, Langue Hebraique ou autrement, sans le consentement par écrit dudit dudit Sieur Exposant, ou de ceux qui auront droit de lui, à peine de confiscation des exemplaires contrefaits, de trois mille livres d'amende contre chacun des contrevenans; dont un tiers à Nous, un tiers à l'Hôtel-Dieu de Paris, l'autre tiers audit Sieur Exposant, & de tous dépens, dommages & interêts: A la charge que ces Presentes seront enregistrées tout au long sur le Registre de la Communauté des Imprimeurs & Libraires de Paris, & ce dans trois mois de la datte d'icelles; que l'impression desdites Oeuvres en prose & en Vers sera faite dans nôtre Roïaume, & non ailleurs, en bon papier & en beaux caracteres, conformément aux Reglemens de la Librairie, &

& avant que l'exposer en vente, il en sera mis deux exemplaires de chacun dans nôtre Bibliotheque publique, un dans celle de nôtre Château du Louvre, & un dans celle de nôtre cher & féal Chevalier, Chancelier de France, le sieur Phelipeaux Comte de Pontchartrain, Commandeur de nos Ordres : Le tout à peine de nullité des présentes, du contenu desquelles vous mandons & enjoignons de faire joüir ledit Sieur Exposant ou ses ayans cause, pleinement & paisiblement, sans souffrir qu'il leur soit fait aucun trouble ou empêchemens : Voulons que la copie desdites Presentes, qui sera imprimée au commencement ou à la fin desdits Ouvrages, soit tenuë pour dûëment signifiée, & qu'aux Copies collationnées par l'un de nos Amez & Feaux Conseillers & Secretaires, foi soit ajoûtée comme à l'Original ; Commandons au premier nôtre Huissier ou Sergent de faire pour l'execution d'icelles tous Actes requis & nécessaires, sans demander autre permission, & nonobstant Clameur de Haro, Charte Normande, & Lettres à ce contraires. CAR TEL EST NÔTRE PLAISIR. Donné à Versailles le deuxiéme jour du mois de Decembre l'An de grace mil sept cens tréize, & de nôtre Regne le soixante-onziéme.

Par le Roi, en son Conseil, *Signé*, FOUQUET.

Il est ordonné par l'Edit du Roi du mois d'Août 1686. & Arrests de son Conseil, que les Livres dont l'impression se permet par Privilege de Sa Majesté, ne pourront être vendus que par un Libraire ou Imprimeur.

Registré sur le Registre V. de la Communauté des Imprimeurs & Libraires de Paris, page 51. conformément aux Reglemens, & notamment à l'Arrest du Conseil du 13. Août 1703. A Paris le 31. Mars 1719.

Signé, DELAULNE, Syndic.

www.ingramcontent.com/pod-product-compliance
Lightning Source LLC
LaVergne TN
LVHW021004090426
835512LV00009B/2063